글 유가은

대학에서 유아교육을 전공했습니다.
어린이를 위한 글을 쓰기 위해 '어린이책 작가교실'에서 공부했습니다.
지금은 어린이들과 함께 책 놀이를 하는 선생님으로 활동하면서
이 세상 곳곳에 숨어 있는 재미난 이야기들을 열심히 찾고 있답니다.

그림 백정석

서울에서 태어나 이탈리아 밀라노 브레라 국립미술원에서 서양화를 전공했습니다.
어린이들을 위한 재미있고 정감 있는 그림을 그리기 위해 항상 노력하고 있답니다.
그린 책으로는 〈제이콥스가 들려주는 영국 옛이야기〉, 〈진짜진짜 무서운 세계 전래 동화〉,
〈돌아오지 않는 개〉, 〈동물들이 울고 있어요〉, 〈노벨 문학상 수상작가 동화집〉,
〈돛을 올려라 해적선〉, 〈갑자기 멈추면 왜 넘어질까?〉 등이 있습니다.

감수 신항균

성균관대학교 대학원 수학과를 졸업했습니다.
공군사관학교와 우석대학교 교수를 역임했고,
미국 애리조나 주립대학교 수학과 교환교수로도 활동한 바 있습니다.
지금은 서울교육대학교 수학교육과 교수로 재직 중이며,
동 대학교 초등수학교육연구소장으로 있습니다.
또한 서울교육대학교 영재교육원 운영위원으로도 활동하고 있습니다.
초등학교와 중학교, 고등학교에 이르기까지 수학교과서 집필책임교수로 활동했고,
저서로는 〈수학사와 수학이야기〉, 〈클릭 수학나라〉, 〈영재들의 1등급 수학교실 시리즈〉가 있습니다.

1단계 숫자0 **02**

뭐든지 사라지는 별

글 **유가은** 그림 **백정석** 감수 **신항균**
펴낸곳 **(주)아람키즈** | 펴낸이 **이소영** | 주소 **서울특별시 성동구 성수이로 147 아이에스비즈타워 2F**
고객센터 **1644-4521** | 팩스 **02-468-5548** | 홈페이지 **www.aramkids.co.kr** | 출판등록 **제2020-000011호**
기획 편집 디자인 **(주)아람키즈 하늘땅**
ISBN **979-11-6543-543-1 979-11-6543-509-7(세트)**

뭐든지 사라지는 별

글 유가은 · 그림 백정석 · 감수 신항균

아람키즈

"우리는 *우주를 여행하는 우주 삼총사!
아무도 가지 않는 무시무시한 별도
삼총사와 함께라면 두렵지 않아!"

*우주선을 타고 우주를 여행하다가
삼총사는 깜짝 놀랐어.
동그란 별을 발견한 거야.
우주에 동그란 별이 사라진 지 아주 오래되었거든.

삼총사는 동그란 별에 내렸어.
여기저기 둘러보고 나니 슬슬 배가 고팠지.

그때였어.

느닷없이 땅속에서 동그란 *탁자가 슝 솟아올랐어.
"앗, 깜짝이야! 어떻게 된 일이지?"

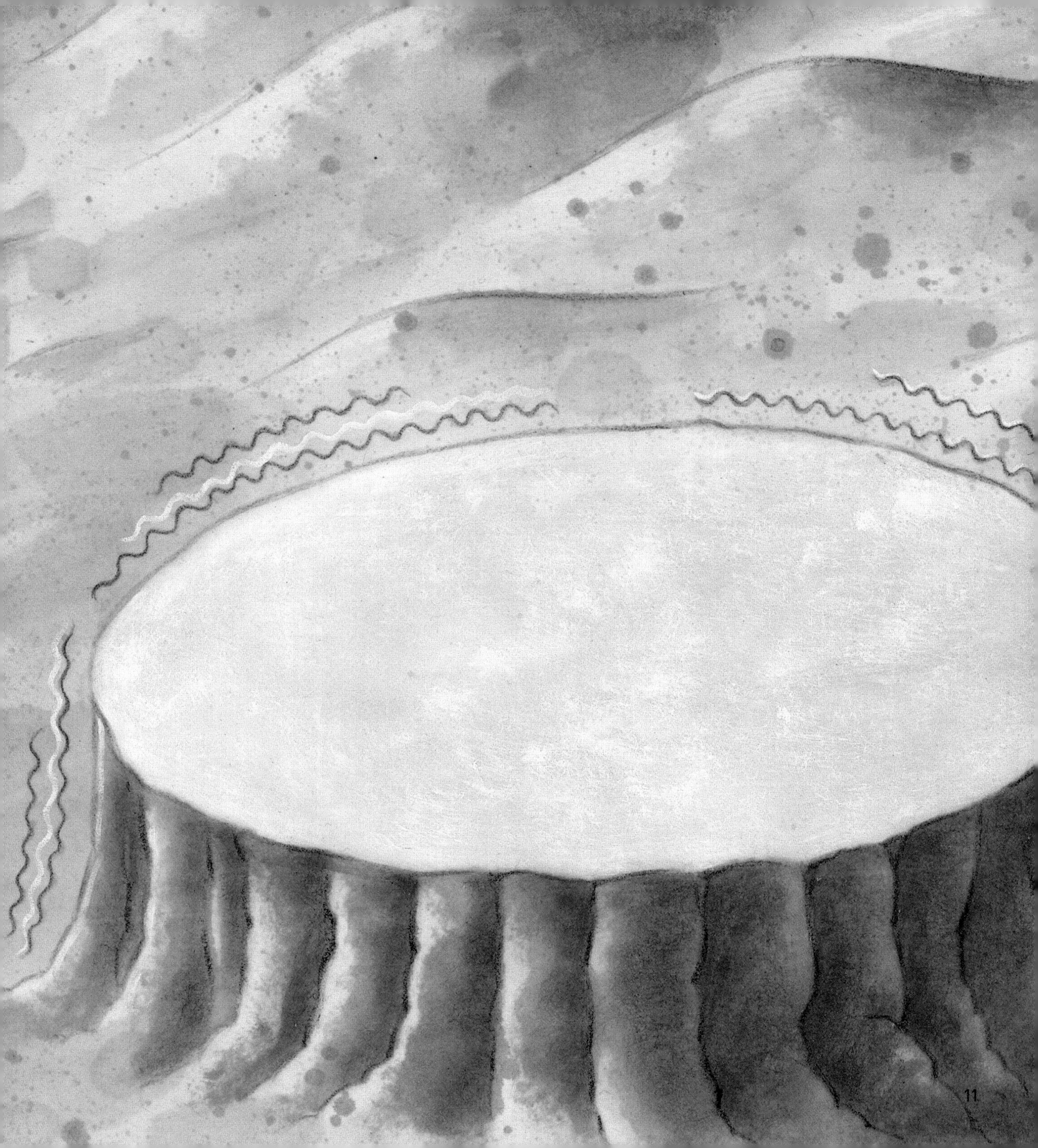

"동그란 탁자네? 마침 잘됐다.
맛있는 샌드위치 어때?"

코코가 먼저 샌드위치 세 개를 꺼냈어.
그러고는 탁자 위에 올려놓았지.

갑자기 별이 흔들리더니 앞이 캄캄해졌어.
"대체 무슨 일이야?"

다시 환해지자 삼총사는 깜짝 놀랐어.
"누가 샌드위치를 가져갔어!"
탁자 위의 샌드위치가 몽땅 없어져
버린 거야.
"말도 안 돼. 누구야?"
그때 탁자 가장자리로
동그란 불빛이 반짝였어.

"슈슈, *장난치지 말고 어서 꺼내 봐!"
코코는 슈슈가 숨긴 줄 알고 말했지.
"무슨 소리야! 난 아니야!"
"그런데 이 동그란 불빛은 왜 반짝이지?"
"글쎄……."

“너무 배고프다. 우리 다른 거라도 먹자.”

이번에는 슈슈가 가방에서
닭고기튀김을 꺼냈어.

그러고는 탁자 위에 올려놓았지.

삼총사가 닭고기튀김을 집으려는 순간,
또 별이 우르르 흔들리더니 캄캄해졌어.

어둠 속에서 슈슈가 소리를 질렀지.
"앗, 내 닭고기튀김!"

다시 환해지자, 탁자 위는 또 텅텅 비어 있었어.

"또 사라졌다!"

"동그란 불빛이 또 반짝거려!"

슈슈와 와와가 소리쳤어.

"그런데 이 동그라미를 어디선가 본 것 같아."

"뭐라고?"

"이렇게 생긴 것을 *'영'이라고 읽는대."

"영?"

"도대체 '영'은 뭘 뜻하는 거야?"

삼총사는 배고픈 것도 잊어버렸어.

O

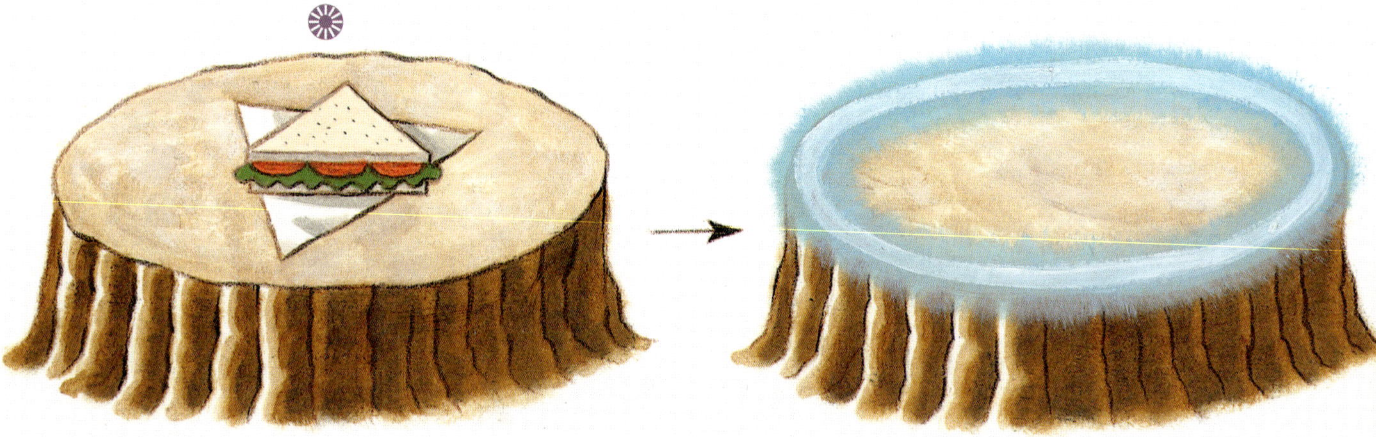

"샌드위치가 없어지고 '영'이 반짝,
닭고기튀김이 없어지고 '영'이 반짝했어."
"그럼 아무것도 없다는 뜻이잖아."

"아무것도 없는 것을 '영'이라고 하나 봐."
"이러다가 우리도 없어지는 거 아니야?"

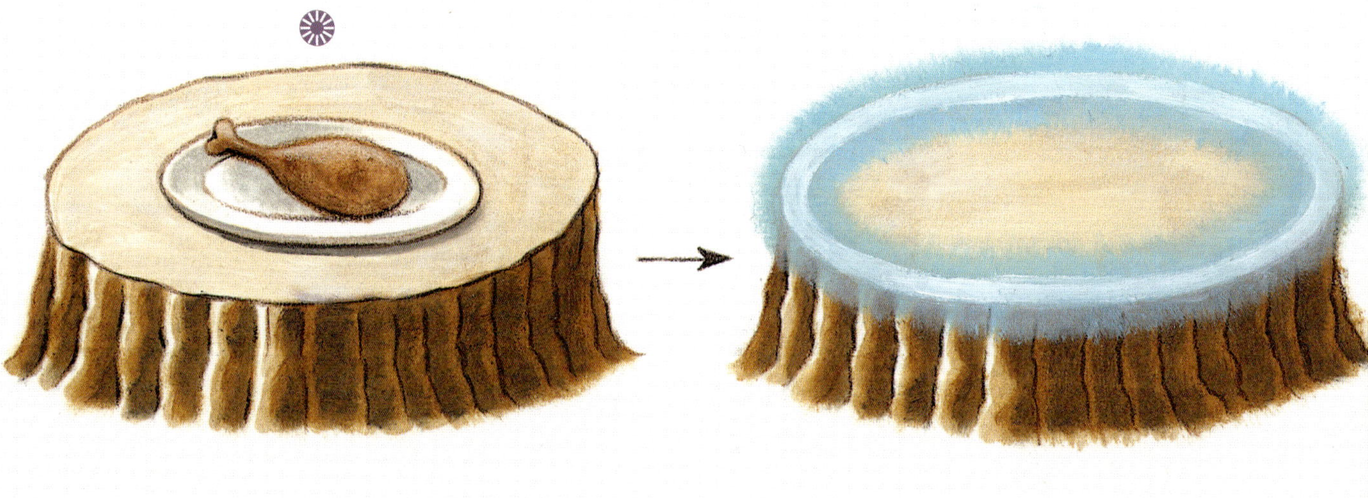

삼총사는 *겁에 질려 우주선을 향해 재빨리 뛰어갔어.
그 순간 또다시 별이 흔들리기 시작했어.
"어서 타! 코코, 와와!"
먼저 우주선에 탄 슈슈가 밧줄을 내려 주었어.

이 별에 들어오지 마시오.
아무것도 없는 별.
뭐든지 사라지는 별.

삼총사는 헐레벌떡 우주선에 올라탔어.
우주선이 떠난 자리에는 이렇게 쓰여 있었지.
"이 별에 들어오지 마시오.
아무것도 없는 별. 뭐든지 사라지는 별."

엄마가 보기

숫자 0에 대해 알아보아요

사물 하나가 있을 때 우리는 '1'이라고 쓰고, '일' 또는 '하나'라고 말합니다. 그러면 사물이 하나도 없을 때에는 어떻게 쓰고 말해야 할까요? 바로 '0'이라고 쓰고, '영'이라고 말합니다. 이렇게 **사물이 하나도 없는 상태**를 표시할 때 우리는 **숫자 '0'**을 사용합니다. 숫자 '0'은 우리 아이들이 더하기와 빼기를 학습하기 전에 알아야 할 개념입니다.

어떤 수에 0을 더하거나 빼도 아무런 변화가 일어나지 않는다는 것을 알려 주세요. 즉 3에 0을 더해도 3이고, 3에서 0을 빼도 3이 되겠지요. 이야기 속에서, 식탁 위에 올려놓았던 음식이 순식간에 사라지고 아무것도 남지 않은 것을 볼 수 있었습니다. 이럴 때 숫자 '0'으로 표현한다는 것을 아이들에게 가르쳐 주세요.

아이가 보기

동그란 별에서 무슨 일이 일어났나요?

삼총사가 탁자에 음식을 올려놓자, 별이 흔들리더니 캄캄해졌어요.
잠시 후, 탁자 위의 음식들은 모두 사라지고 '0'만 반짝거렸지요.

이렇듯, 숫자 0은 **아무것도 없는 상태**를 말해요.

함께 맞혀 보아요

두 친구가 풍선을 들고 있어요. 그런데 바람이 불어 두 친구의 풍선이 모두 날아가 버렸어요. 친구들에게 남은 풍선은 각각 몇 개인가요?

바구니에 탐스러운 귤 다섯 개가 들어 있어요.
하나씩 먹다 보니 어느새 바구니가 텅 비어 있어요.
남은 귤은 몇 개인가요?